SONGS [STILL!] WAITING FOR A ROCK BAND
CANCIONES [AUN!] ESPERANDO BANDA DE ROCK
(1985-2013)

Manu Rodríguez

authorHOUSE®

AuthorHouse™ UK
1663 Liberty Drive
Bloomington, IN 47403 USA
www.authorhouse.co.uk
Phone: 0800.197.4150

Published by AuthorHouse 10/17/2016

ISBN: 978-1-5246-3250-2 (sc)
ISBN: 978-1-5246-3248-9 (hc)
ISBN: 978-1-5246-3249-6 (e)

I really believe Rock and Roll is all about freedom.
Thank you Edinburgh and Scotland for helping me to break free.

With my most sincere thanks to Galician artist Vanesa Sueiro, who with her talent has illustrated my lyrics.

Mi más sincero agradecimiento a la artista gallega Vanesa Sueiro, quien con su talento ha ilustrado estas mis letras.

It all started with songs, with music...
For me, writing was not a precocious fondness.
I try now to sift through the recesses of my memory and I find nothing to indicate that I wanted to express myself through the written word. To be more honest, and although it's not ideal for someone dedicated to writing, I was not even a bookworm beyond the children's stories that I received as presents (I adored Zipi & Zape).
Since I was a child music was calling me.

When I was a baby my mother sang Zarzuela tunes to tame my rebellious character. Later, she bought me a piano, and I received private lessons at home. My mother told me recently that she had wanted me to learn to play the piano, not just for the music, but also so that I could improve my manual dexterity.
Later, when I was a child, I tried to play guitar, which I never could; not just because of my psychomotricity problems, but, I think, because I did not persist day after day, year after year. Although I would never become a great piano or guitar player, I would probably have learnt how to compose my own songs and express myself through music. I think that even if you enjoy doing something, you could give up because you believe yourself incapable of progressing in that activity, feeling you do not have the appropriate skills. In spite of human creativity being unlimited, there are disabilities in which it is obvious that there are impediments to normal progress for certain activities. Then you need to be flexible enough to avoid frustration by channelling your disability into another, more appropriate activity.
So I became a music lover, instead of a musician.
Music was with me at home, in hospitals... and helped me later to redirect my emotions into writing.
And there I was fervently listening to, and recording, hits from the radio onto cassette.
Before my adolescence, lived in those lands of Tenerife, I had never needed to understand and express myself through writing.

It all started with music.
Tenerife... It was at this time that I had the urge to communicate what music meant to me. And there I was, buying records... and then a mixer, and then I tried my hand at being a DJ, and I even worked on the radio... I wanted to have a rock band to melt my feelings with music and others.
But that remained a fantasy, a dream. And so I started writing poems, lyrics, songs inspired by other songs and by that time I was living.

With this book I offer a bilingual compilation of work, lyrics and poetry, that best reflect my trajectory, "Songs [still!] Waiting for a Rock Band."

- Manu Rodríguez. December 2015

Todo empezó con canciones, con música...
Para mí escribir no fue una afición precoz.
Intento ahora buscar entre los recesos de mi memoria y no encuentro nada que me diga que lo que yo precisamente quería era expresarme a través de la palabra escrita. Para ser más honesto, y aunque no sea lo ideal para decir de alguien que se dedica a este oficio, tampoco era un devorador de libros más allá de los cuentos que me regalaban y los Zipi y Zape que adoraba.
Desde pequeño, lo que a mí me llamaba era la música.

Cuando era un bebé mi madre me cantaba temas de Zarzuela para espantar mi rebeldía, y quizá también mis enfermedades. Después me compró un piano, y recibí clases particulares en casa. No hace mucho que me dijo que quería que aprendiese a tocar el piano no solo por la música, sino para que mejorase mi destreza manual. Después, de niño, intenté aprender a tocar la guitarra; lo cuál nunca bien logré, no solo por mis problemas de psicomotricidad sino porque no perseveré día tras día, año tras año. Aunque nunca hubiese llegado a ser un gran pianista o guitarrista, probablemente hubiera aprendido a componer mis propias canciones y expresarme a través de la música. Creo que incluso si uno disfruta mucho haciendo algo, podría abandonar en su intento de dedicarse a ello por creerse incapaz de progresar en esa actividad, sintiendo que no tiene la capacidad adecuada. A pesar de que la creatividad humana resulta ser ilimitada, hay discapacidades con las que parece obvio haber impedimentos para un buen progreso en ciertas actividades. Entonces uno necesita ser lo suficientemente flexible para evitar la frustración y encauzar esa discapacidad.
Así que llegué a ser un amante de la música, en lugar de un músico.
La música estaba estaba conmigo en casa, en los hospitales... y me ayudó después a redirigir mis emociones hacia la escritura.
Y allí estaba yo, fervientemente escuchando y grabando en casete éxitos de la radio. Nunca antes de mi adolescencia vivida por aquellas tierras de Tenerife necesité entenderme y contar cosas a través de la escritura.

Todo empezó con música.
Tenerife... Fue en aquel tiempo que sentí la urgencia de comunicar lo que la música significaba para mí. Y compraba discos... y una mesa de mezclas y jugué a ser DJ y trabajé en la radio... Y quería tener una banda de rock y fundir mi emoción con la música y con los demás.
Pero esto quedo en un quería, en un quise, en un sueño. Y así es que empecé a escribir letras, poesías, canciones inspiradas unas por el momento y otras por las de otros.

Aquí en este libro os dejo una recopilación bilingüe de mi trabajo poético, de las letras que considero mejor reflejan mi trayectoria lírica; de estas "Canciones (aun!) esperando Banda de Rock".

- Manu Rodríguez. Diciembre 2015

KISS AND SKIN

Nothing to do with the Devil,
it can't be compared with the fog.
There is something strange that I want to discover,
as if it were a magnetic mystery.

When I see her something is unhinged in me,
and I think that my eyes are lying,
but if I lose her I only think about dying.

It would be easier to burn the moon
with a piece of the sun
than to have in her eyes my insatiable ardour.

Nothing to do with God,
you can't compare mirror and light with kiss and skin.
It is useless to imagine the voice of her heart
if I can't reach it with a song.

It would be easier to burn the moon
with a piece of the sun
than to have in her eyes my insatiable ardour.

You have to learn to distinguish
between the cold darkness and the warmest night.
Two drops of rain running behind the steamy glass
and coming into one final drop.

Paper and ink together
to write the face of love.
No way out if you are gone.

You can't compare mirror and light with kiss and skin.
It is useless to imagine the voice of her heart
if I can't reach it with a song.

BESO Y PIEL

Nada que ver con el Diablo,
no se puede comparar con la niebla.
Algo de extraño hay que quiero descubrir,
como si de un magnético misterio se tratase.

Cuando la miro algo se despieza en mí,
y creo que mis ojos mienten,
pero si la pierdo sólo pienso en morir.

Sería más fácil incendiar la luna
con un trozo de sol
que tener en sus ojos mi insaciable ardor.

Nada que ver con Dios,
no se pueden comparar espejo y luz con beso y piel.
Es inútil imaginar la voz de su corazón
si no la puedo alcanzar con una canción.

Sería más fácil incendiar la luna
con un trozo de sol
que tener en sus ojos mi insaciable ardor.

Hay que aprender a distinguir
entre la fría oscuridad y la noche más cálida.
Dos gotas de lluvia que corren tras el empañado cristal
y que se juntan en una gota final.

Papel y tinta se unen
para escribir la cara del amor.
No hay salida si no estás.

No se pueden comparar espejo y luz con beso y piel,
es inútil imaginar la voz de tu corazón
si no la puedo alcanzar con una canción.

FEAR TO LOVE

No one seemed able to
enter his heart again.
After that wound
he closed the lid on love.

When someone wanted to come in
he always said no.
And this is why...
who doesn't fear pain?

Always blaming his internal complex
"nobody could love someone like me".
Deep inside he felt that loneliness
was not the solution.
But...
who doesn't fear pain?

A comfortable home and a job he found,
although he was still shackled inside himself.
Few were calling to his lonely, lost soul,
and yet loneliness
was not a means to an end.
But...
who doesn't fear pain?

Soon came old age and desperation,
he longed to correct his terrible mistake,
but it was already too late and no one he found,
only a phrase in the infinite he heard,
the answer to his question:
"Never have fear to love".

MIEDO AL AMOR

Nadie parecía poder volver
a tener entrada en su corazón.
Después de aquella herida
puso veda al amor.

Cuando alguien quería entrar
él siempre decía no.
Y es que...
¿quién no teme al dolor?

 Siempre se culpaba en su complejo interior,
"nadie puede querer a alguien como yo".
En el fondo sentía que la soledad
no era la solución.
Pero...
¿quién no teme al dolor?

Casa cómoda y trabajo encontró,
aunque seguía encarcelado en su yo.
Pocos llamaban ya a su solitaria, perdida alma,
y seguía pensando que la soledad
no era una buena razón.
Pero...
¿quién no teme al dolor?

Pronto llegó la vejez y desesperación,
quiso dar marcha atrás en su terrible error,
pero ya era tarde y a nadie encontró,
tan sólo una frase en el infinito escuchó,
alguien que a su pregunta respondió:
"Nunca temas al amor."

THE MAN WHO DIED OF LOVE

Once upon a time, in a place not so very far away, there was a man who died of love. Every morning, early, he would feel a pain in his heart while the sounds of life came in through his window.
The taste of honey and bread and coffee was turning his soul inside out.

He was working for love, giving magic to the street, leaving his skin in the scenario.
He would cry in the evenings, watching the sun falling behind the sea,
and the pain would return deep inside.
He would say that the moon knew everything about humans,
and when he saw it, it made him tremble.
He kept a star in a golden metal casket that lay on his bedside table.
He would dream of women's sweet and tender smiles,
and on waking the pain would return deep inside.

Yesterday the crying of the rain caused him too much pain,
and he decided to die.
Everyone thought he was mad,
but I cover his coffin with flowers every full moon because I know he died of love.

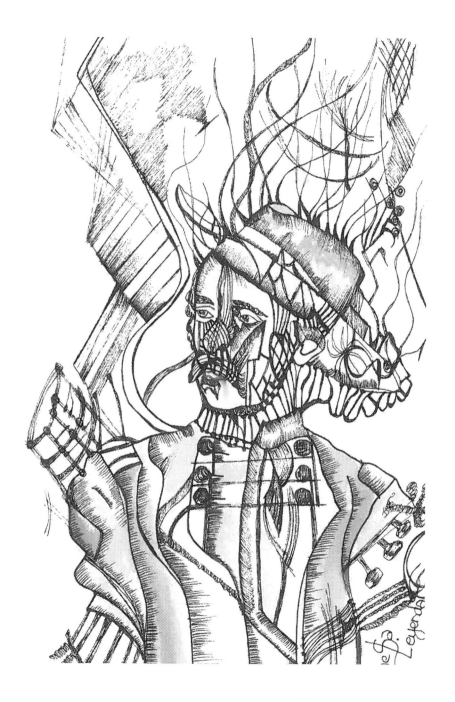

EL HOMBRE QUE MURIÓ DE AMOR

Había una vez, en un lugar no muy lejano, un hombre que murió de amor.
En la mañana, de temprano, sentía un dolor en el pecho al oler la vida que
entraba por su ventana.
El sabor de la miel en el pan y el café le empapaban el alma.

Trabajaba por amor, dándole magia a la calle, dejándose la piel en el escenario.
Lloraba por la tarde, al ver caer el sol tras el mar,
y volvía a dolerle dentro.
Decía que la luna lo sabía todo de los hombres,
y al mirarla llena se estremecía.
Tenía guardada una estrella en un cofre de metal dorado que posaba sobre su
mesilla de noche.
Soñaba con dulces y tiernas sonrisas de mujer,
y al despertar le dolía otra vez.

Ayer le dolió demasiado el llanto de la lluvia,
y decidió morir.
Todos pensaban que estaba loco,
pero yo le cubro todas las lunas llenas su recuerdo con flores porque sé que murió
de amor.

SOMETHING IS GOING WRONG

You are alone on the path,
mocking destiny.
They lied to you,
they cheated you.

None stand by your side,
and yesterday's friend
is gone today.

Something is going wrong,
something is broken,
something must be fixed soon.

"You have to laugh at life",
is what you used to say,
but now life is laughing at you.

They lied to you,
they cheated you,
none stand by your side.

You have to cure,
you have to fix,
you have to start all over again.

ALGO VA MAL

Estas solo en el camino
como burlando al destino.
Te han mentido,
te han engañado.

No hay nadie a tu lado
y aquel amigo que tenías ayer
hoy se ha marchado.

Algo va mal,
algo está roto,
algo debe arreglarse pronto.

"Hay que reírse de la vida",
es lo que solías decir,
pero la vida ahora se ríe de ti.

Te han mentido,
te han engañado,
nadie se encuentra hoy a tu lado.

Hay que arreglar,
hay que curar,
hay que volver a empezar.

CRISTINA

She was born without parental care,
grew up in a bad family.
Too much hurt in her fragile heart,
little by little the pain broke.
Her mind was coming apart,
and no-one wanted to do anything.

They took her to a man in a white coat,
he wanted to cure everything with pills.
But she was still breaking in her dreams,
too much pain in her fragile heart.
Not a friend to embrace,
many hours alone in her solitude.

Too much time to think,
with nothing that can fill the empty space.
Maybe in the bohemian she could find
some release of peace and tranquility.

But there's no future to this story,
only a false and vain escape.
Too much hurt for Cristina,
empty and hollow in this society she has found.

Yesterday I saw her begging for compassion in the street,
AIDS, drugs and filth
will carry her into death.
And who cares...?
Nobody.

CRISTINA

Ella nació sin cuidado paternal,
creció bajo un mal rollo familiar.
Demasiado daño en su frágil corazón,
poco a poco rompió el dolor.
Su cerebro quebrándose fue,
y nadie nada quiso saber.

Un día la llevaron a un bata blanca,
con pastillas todo lo quiso arreglar.
Pero ella seguía rompiéndose en sueños,
demasiado daño en su frágil corazón.
Ningún amigo a quien abrazar,
muchas horas a solas con su soledad.

Demasiado tiempo para pensar,
sin nada que pueda un lugar llenar.
Quizás en la bohemia pueda encontrar
alguna salida de paz y tranquilidad.

Pero no hay futuro en esta historia,
sólo una falsa y vana huida.
Demasiado daño para Cristina,
vacío hueco encontró en esta sociedad.

Ayer la vi pidiendo en la calle piedad,
el sida, la droga y la mierda
hasta la muerte la llevarán.
Y esto a quién le importa..-?
A nadie.

WAITING

One more night waiting
for something new to happen.
Another day finished
and nothing has changed.
Something is wrong.
something doesn't work.
Don't know what is happening,
nor how to fix it.

I confuse myself,
I do not find hope,
and I hide
seeking words.

I go back home
and nobody speaks,
not even a single glance.
How many hours wasted
anticipating this homecoming.

How many things I did for her,
and all worth nothing.
I must keep on walking,
although it is hard to forget her.

Maybe time will give me
a way out,
any little space,
a flame that can light my life.
Something is wrong,
something doesn't work.
It is a mania
that I can't shake off.

I heard yesterday that she has found love again,
though I know she hasn't forgotten me.
And although my pride is wounded,
I'm still waiting for her.

How many things I did for her,
and all worth nothing.
All that remains is to keep walking
although it is hard to forget her.

ESPERANDO

Una noche más esperando
que ocurra algo nuevo.
Otro día más que se acaba
y nada ha cambiado.
Algo falla,
algo no funciona.
No sé qué me pasa,
ni cómo arreglarlo.

Me confundo,
no encuentro esperanza,
y me escondo
buscando palabras.

Llego a casa
y nadie dice,
ni siquiera una mirada.
Cuántas horas malgastadas
pensando en la llegada.

Cuántas cosas hice yo por ella,
y de nada sirvieron ninguna.
Sólo queda seguir caminando,
aunque cueste poder olvidarla.

Quizás el tiempo consiga
que encuentre la salida,
algún hueco,
una llama que vuelva a encender mi vida.
Algo falla,
algo no funciona.
Es una manía
que no puedo arrancar.

Ayer me enteré que encontró un amor,
aunque sé que de mí no se olvidó,
y aunque mi orgullo hiera
la sigo esperando.

Cuántas cosas hice yo por ella,
y de nada sirvieron ninguna.
Sólo queda seguir caminando,
aunque cueste poder olvidarla.

KISS ME

Big smile like the blue sky,
looks sad and profound like the sea.
Hair and sun as equal,
delicate gesture,
glass dove.

Don't talk to me about the past,
nothing I want to know.
Don't ask me anything,
nothing I want to answer.
Just bury your watch in the sand
and kiss me,
kiss me,
kiss me.

You know things are not going right on the outside,
and everything is smashed on the inside.
You know we will have to keep walking,
but for now, we can stop.

And let me breathe deep the air from the sea,
and kiss me,
kiss me,
kiss me.

Please, kiss me.

BÉSAME

Sonrisa grande como el cielo azul,
mirada triste y profunda como el mar.
Pelo y sol como dos iguales,
gesto delicado,
paloma de cristal.

No me hables del pasado,
nada quiero saber.
No me preguntes nada,
nada quiero responder.
Tan sólo entierra tu reloj en la arena
y bésame,
bésame,
bésame.

Tú sabes que fuera bien las cosas no van,
y por dentro todo hecho pedazos está.
Tú sabes que debemos caminar,
pero ahora vamos a parar.

Y déjame respirar hondo el aire del mar
y bésame,
bésame,
bésame.

Por favor, bésame.

I WILL ESCAPE

The rope stretches,
hanging I am,
almost falling.
Trapped like a fish
I am again.
But looking for a hole in the net
I will escape,
I will live.
Me they will not catch,
me they will not trap
into their hands I will not fall.

Today I can run,
without nails in my feet,
none will grab me by the neck,
and I will return,
I will return to your heart
free like a cyclone.
I will escape,
I will live.
Me they will not catch,
me they will not trap
into their hands I will not fall.

You have to see,
what price can be paid
for a piece of freedom
when you are on the edge.
I will spit in the face of the Devil.
I'll break through my fear again...
I will escape,
I will live.
Me they will not catch,
me they will not trap
into their hands I will not fall.

Make yourself
a concrete house,
stronger,
much stronger than God.
I will escape,
I will live.
Me they will not catch,
me they will not trap
into their hands I will not fall.

ESCAPARÉ

La cuerda se estira,
colgado estoy,
a punto de caer.
Atrapado como un pez
estoy otra vez.
Pero buscando un agujero en la red
escaparé,
viviré.
No me cogerán,
no me atraparán
manos al caer.

Hoy puedo correr
sin clavos en los pies.
Nadie me agarrará del cuello
y volveré,
volveré a tu corazón
libre como un ciclón.
Escaparé,
viviré.
No me cogerán,
no me atraparán
manos al caer.

Hay que ver,
lo que se puede pagar
por un trozo de libertad
cuando al borde estás.
Escupiré la cara del dios del mal.
Voy a romper el miedo otra vez...
Escaparé,
viviré.
No me cogerán,
no me atraparán
manos al caer.

Constrúyete
una casa de hormigón,
más fuerte,
mucho más fuerte que Dios.
Escaparé,
viviré.
No me cogerán,
no me atraparan
manos al caer.

IT WILL NEVER BE THE SAME

Yesterday I realised that no,
not everything that shines is gold.
Yesterday I saw in your face that no,
It's not even brass.
Looks like a lie and maybe it is,
you are not what I imagined,
but I tell you that you will lose more.

Maybe you will try to change,
but my face will never return
to the smile of yesterday.
Friendship is something to be cherished,
when it seems even the truest can deceive you.
And no,
it will never be the same.

Tomorrow maybe I'll see you somewhere
and remember something about you.
Tomorrow I will forget we ever played
passengers on the same boat.
And do not forget that your pride
is worth nothing,
only to drown in it.
And no,
it never will be the same.

NUNCA SERA IGUAL

Ayer me di cuenta que no,
no es oro lo que reluce.
Ayer vi en tu cara que no,
no era ni de latón.
Parece mentira y quizá lo sea,
no eres lo que imaginé,
pero te digo que tú pierdes más.

Puede que intentes cambiar,
aunque mi cara no volverá
a tener la sonrisa de ayer.
La amistad es algo que hay que cuidar,
y cuando parece de verdad te puede engañar.
Y no,
nunca será igual.

Mañana quizá te vea por ahí
y recuerde algo de ti.
Mañana olvidaré cuándo jugábamos
a ser de un mismo barco pasajeros.
Y no te olvides que tu orgullo no valió
para nada,
tan sólo para ahogarte en él.
Y no,
nunca será igual.

THE AUGUST TREE

It's hot here,
sitting under the August tree.
Hours pass quick through you,
watching the blue sky
I'm almost drowned by the hot wind of the South,
but it's not important,
I'm fine like this.

There are things that kill
with the poison of pleasure.
There are places that suffocate
but always you want to return.

Summer in Seville,
where the sun burns more.
August in Seville,
is something to keep.
I'm fine here,
I'm fine here,
I'm fine here.

It's hot here,
although night has fallen.
Looks like the rain has lost its car keys.
Old women lean out
of the balconies to breathe,
old men fill themselves
with beer in every tasca.
I'm fine here,
I'm fine here,
I'm good like this.

EL ÁRBOL DE AGOSTO

Hace calor aquí,
sentado bajo el árbol de Agosto.
Las horas pasan rápidas por tí,
viendo el azul del cielo.
Estoy casi ahogado
por el viento caliente del sur,
pero no me importa,
estoy bien así.

Hay cosas que matan
con el veneno del placer.
Hay sitios que agobian
pero siempre quieres volver.

Verano en Sevilla,
donde el sol quema más.
Agosto en Sevilla,
es algo que hay que guardar.
Estoy bien aquí,
estoy bien aquí,
estoy bien aquí.

Hace calor aquí,
aunque sea de noche.
La lluvia parece que ha perdido
las llaves del coche.
Las viejas se asoman
a los balcones a respirar,
los viejos se inflan
a cerveza en todas las tascas.
Estoy bien aquí,
estoy bien aquí,
estoy bien así.

I HAVE

I have scars of skin and soul
already they have closed.
I have broken past loves
that already are almost forgotten.
I have books on the shelf in my room
that already are used.
I have old photos in a scrap book of things
that have already happened.
But I don't have a home,
beach and sun close to you.
But I don't have a car,
countryside and stars close to you.
But I don't have a dog,
bread or trees planted.

I have an old guitar
that I'm still playing.
I have music and old records
that I still listen to,
I have ideas and written songs
that have been kept in a drawer.
But I don't have a home,
beach and sun close to you.
But I don't have a car,
countryside and stars close to you.
But I don't have a dog,
bread or trees planted.

TENGO

Tengo cicatrices en la piel y el alma
que ya cerraron.
Tengo amores rotos del pasado
que casi se olvidaron.
Tengo libros en la repisa del cuarto
que ya se usaron.
Tengo viejas fotos en un álbum de cosas
que ya pasaron.
Pero no tengo casa,
playa y sol a tu lado.
Pero no tengo coche,
campo y estrellas a tu lado.
Pero no tengo perro,
pan y árboles plantados.

Tengo una vieja guitarra
que sigo tocando.
Tengo música y discos antiguos
que siguen sonando.
Tengo ideas y canciones escritas
que en un cajón se guardaron.
Pero no tengo casa,
playa y sol a tu lado.
Pero no tengo coche,
campo y estrellas a tu lado.
Pero no tengo perro,
pan y árboles plantados.

PERPETUAL LOVE

I want to have time always with me.
I want to catch life between my hands.
I want to take the feeling of my soul.
I want to make perpetual love.

I want to always see the moon.
I want the sun never to blind me.
I want to be on solid ground.
I want to see the finest blue skies.

When the clock no longer strikes.
When life drips through my hands.
When there is no hope in my heart.
Only then will I have full emptiness.

When the infinite is dark.
When nothing is illuminated.
When my steps leave no footprints.
Then I will be dead.

I want to feel the pleasure of every new day.
I want the eternal magic of the night.
I want to drink the water running.
I want to dream of something better.

I want my friends to smile.
I want the sweetest kiss of a woman.
I want to catch sensations with words.
I want to feel perpetual love.

When the morning hurts me.
When the night appears without magic.
When the water is dammed.
When Morpheus gives nightmares.

When the smiles are made of cardboard.
When kiss and skin are gone.
When words say nothing.
Then I will be dead.

AMOR PERPETUO

Quiero tener el tiempo conmigo.
Quiero atrapar la vida entre las manos.
Quiero coger el sentimiento de mi alma.
Quiero hacer el amor perpetuo.

Quiero ver siempre la luna.
Quiero que el sol nunca me ciegue.
Quiero pisar firme el suelo.
Quiero ver el mejor azul del cielo.

Cuando nunca el reloj marque.
Cuando se escurra la vida entre mis manos.
Cuando no haya esperanza en el corazón.
Entonces sólo habrá vacío lleno.

Cuando el infinito sea oscuro.
Cuando no haya nada iluminado.
Cuando mis pasos no dejen huella.
Entonces estaré muerto.

Quiero sentir el placer de cada nuevo día.
Quiero la eterna magia de la noche.
Quiero beber el agua que corre.
Quiero soñar con algo mejor.

Quiero la sonrisa de mis amigos.
Quiero el más dulce beso de mujer.
Quiero atrapar emociones con palabras.
Quiero hacer el amor perpetuo.

Cuando la mañana me duela.
Cuando la noche aparezca sin duende.
Cuando el agua esté embalsada.
Cuando Morfeo me de pesadillas.

Cuando las sonrisas sean de cartón.
Cuando beso y piel ya no estén.
Cuando las letras no puedan decir nada.
Entonces estaré muerto.

IS THAT LOVE?

"Why is love necessary?" asked one sage to another.

"I don't know, but loneliness is not a good companion" came the answer.

"Have you ever felt as though the smile of a woman makes you shudder inside?", he asked again.

"Yes... Is that love?"

"Have you seen the sun appearing behind the sea into the morning?"

"Yes... Is that love?"

"Have you watched the moon lighting up the darkest night?"

"Yes... Is that love?"

"Have you appreciated the tenderness of a baby looking for the arms of his mother?"

"Yes... Is that love?"

"Have you tasted the fresh spring water when your thirst is bitter?"

"Yes... Is that love?"

"Have you hugged a friend, putting your soul into it?"

"Yes... Is that love?"

"Have you cried at a time when your dream was breaking?"

"Yes... Is that love?"

"So, then, you know now why love is necessary?"

"I don't know, but loneliness is not always a good companion" they both concluded, at the same time, as his reflection vanished from the mirror.

¿ES ESO EL AMOR?

"¿Por qué es necesario el amor?", le preguntó un sabio a otro.

"No lo sé, pero la soledad no es buena compañera", respondió éste.

"¿Has sentido alguna vez como te hace estremecer por dentro la sonrisa de una mujer?", le preguntó de nuevo.

"Sí... ¿es eso amor?"

"¿Has visto al sol apareciéndose tras el mar en la mañana?"

"Sí... ¿es eso amor?"

"¿Has observado a la luna clareando la noche más oscura?"

"Sí... ¿es eso amor?"

"¿Has apreciado la ternura de un pequeño que busca los brazos de su madre?"

"Sí... ¿es eso amor?"

"¿Has probado el agua fresca del manantial cuando tu sed es amarga?"

"Sí... ¿es eso amor?"

"¿Has abrazado a un amigo dejándote el alma en ello?"

"Sí... ¿es eso amor?"

"¿Has llorado alguna vez cuando tu sueño se rompía?"

"Sí... ¿es eso amor?"

"¿Sabes por qué entonces es necesario el amor?'

"No lo sé, pero la soledad no es siempre una buena compañera". Concluyeron los dos al mismo tiempo, mientras desaparecía su propia imagen del espejo.

I THINK OF YOU

I think of you,
the atmosphere is filled with your scent.
I paint your smile in my imagination,
I steal from you a kiss, short and sweet.

I think of you,
as I've thought of others before.
My loneliness needs you,
my emptiness is filled with your image.

Paper and ink together again,
to write the face of love.
Again in love?
Newly bewitched?

I think of you,
passionate naked woman.
My lips kissing you,
my chest pressed to your breasts.

I think of you,
your legs embracing me.
Two in one making love,
in the same rhythmic shuddering breath.

Fearing to lose this,
and to be happy with this instant.
I dream and I don't have you.
If you could only know about this dream!

I think of you,
hand in hand through life,
accomplices of the same feeling,
kissing without warning.

I think of you,
switching off my own self.
annulling my identity,
obsessing over you.

Why?,
I ask myself.
Because there's no reply.
Waiting to see you again,
wishing to posses you.

I think of you,
your eyes envelop me.
I'm sick again,
heady for you.

I think of you,
and this thought blinds my mind.
You embrace all my being,
and I can't unhook myself.

What a kind sensation!
and yet how tormenting at the same time.
Music swings my soul,
shipwrecked in your heart.

I think of you,
and I think I'm crazy for love.
Unbalanced again,
once more in love.

I think of you,
and yet it would not be enough to possess you,
although perhaps this could damp my anguish
I want to kill you within my spirit.

Why?
I ask myself.
Because there's no reply.
Nothing I can do,
except write about you.

I think of you,
giving meaning to my existence,
crushing my own character.
I can't find myself.

I think of you,
although I do not wish to remember you.
I paint you in my imagination,
your lips are kissing me again.

I don't know why I so desire you.
I want to wake with you every new day.
I want to rest close to you every single night.
I want you to be mine alone.

Where are you!?

PIENSO EN TI

Pienso en ti,
la atmósfera se llena de tu olor.
Dibujo tu sonrisa en mi imaginación,
te robo un corto y dulce beso.

Pienso en ti,
como antes he pensado en otras.
Mi soledad te necesita,
mi vacío se llena de tu imagen.

Papel y tinta se unen de nuevo,
para escribir la cara del amor.
¿Otra vez enamorado?
¿Nuevamente embrujado?

Pienso en ti,
mujer desnuda apasionada.
Mis labios te besan,
mi pecho se aprieta con tus senos.

Pienso en ti,
tus piernas me abrazan.
Dos en uno fabricando amor,
estremecidos en un mismo aliento acompasado.

Sentir miedo a esta pérdida,
y ser feliz con este instante.
Te puedo soñar y no te tengo.
¡Si tú supieras de este sueño!

Pienso en ti,
cogidos de la mano por la vida,
cómplices de un mismo sentimiento,
besándonos sin avisar.

Pienso en ti,
apagando a mi propio yo,
anulando mi identidad,
obsesionándome por tenerte.

¿Por qué?,
me pregunto.
Porque no hay respuesta.
Esperando volver a verte,
deseando poseerte.

Pienso en tí,
tu mirada me envuelve.
Estoy enfermo otra vez,
embriagado por tu persona.

Pienso en ti,
y este pensamiento ciega mi mente.
Abarcas todo mi ser,
y no puedo desengancharme.

¡Qué sensación tan bondadosa!,
y qué atormentadora a la vez.
La música bambolea mi alma
naufragando en tu corazón.

Pienso en ti,
y creo estar loco de amor.
Otra vez desequilibrado,
de nuevo enamorado.

Pienso en ti,
y no bastaría con poseerte,
aunque esto pudiera apagar en algo mi angustia.
Quiero matarte dentro de mi espíritu.

¿Por qué?,
me pregunto.
Porque no hay respuesta.
Nada puedo hacer,
tan sólo escribir de ti.

Pienso en ti,
dándole sentido a mi existencia
y arrugando mi propio carácter.
Ya no puedo encontrarme.

Pienso en ti,
aunque no quiera te recuerdo.
Te dibujo otra vez en mi imaginación,
tus labios vuelven a besarme.

No sé por qué te deseo.
Quiero despertarme contigo cada nuevo día.
Quiero descansar a tu lado cada noche.
Quiero que seas sólo mía.

¡Dónde estás!

DYING OF LOVE

Uneasy inside,
can't stop thinking.
Ideas intertwine
and they all end in you.

Without knowing what to do,
without knowing what to say.
Fear of pain?
and dying of love.

Why?
you ask yourself.
Because there's no answer.
Is it better to be alone than in bad company?,
you choose the result.

Nobody can answer,
nobody knows what to reply.
You are stuck inside yourself,
a lock you don't know how to open.

Without knowing what to do,
without knowing what to say.
Fear of pain?
and dying of love.

Who, you ask,
who has the answer?
Is it better to be alone than in bad company?,
you choose the result.

51

MORIR DE AMOR

Estar inquieto por dentro,
no parar de pensar.
Las ideas se entrecruzan,
y todas acaban en ti.

Sin saber qué hacer,
sin saber qué decir.
¿Miedo al dolor?
y morir de amor.

¿Por qué?,
te preguntas.
Porque no hay respuesta.
¿Es mejor solo que mal acompañado?,
tú eliges el resultado.

Nadie puede contestar,
nadie sabe responder.
Atrapado estás dentro de ti,
un cerrojo que no sabes abrir.

Sin saber qué hacer,
sin saber qué decir.
¿Miedo al dolor?
y morir de amor.

¿Quién te pregunta?
quién tiene la respuesta.
¿Es mejor solo que mal acompañado?,
tú eliges el resultado.

I ASK

I ask why the wise man dies a fool.
I ask why the poet dies without rhythm.
I ask why the married die alone.
I ask why man dies buried.
And none have answered me yet,
and although I am still asking many people,
nobody has given me a convincing answer.

But I am still asking.
looking for responses to clarify my doubts,
poking in the most profound places of my soul.
getting lost in the labyrinths of my human being.

I ask why man hurts.
I ask why life appears complicated to us.
I ask why we have to make love difficult.
I ask why I ask
And none have answered me yet,
and although I am still asking many people,
nobody has given me a clear answer.

But I am still asking,
looking for answers man has not yet found,
and when the secret is revealed to me
I will understand what makes man human.

PREGUNTO

Pregunto por qué el sabio muere loco.
Pregunto por qué el poeta muere sin ritmo.
Pregunto por qué el casado muere solo.
Pregunto por qué el hombre muere enterrado.
Y nadie aún me ha contestado,
y aunque a mucha gente sigo preguntando,
nadie una convincente respuesta me ha dado.

Pero yo sigo preguntando,
buscando respuestas que aclaren mis dudas,
hurgando en lo más profundo de mi alma,
perdiéndome en los laberintos de mi ser humano.

Pregunto por qué el hombre hace daño.
Pregunto por qué la vida se nos aparece complicada.
Pregunto por qué nos ponemos difícil el amor.
Pregunto por qué pregunto.
Y nadie aún me ha contestado.
y aunque a mucha gente he preguntado,
nadie una clara respuesta me ha dado.

Pero yo sigo preguntando,
buscando respuestas que el hombre aún no ha hallado,
y cuando el secreto me sea revelado
entenderé por qué el hombre es humano.

EXISTENCE

Why are you called this?
Why do you have a name?
Why do you feel like this?
Why do you believe you are a man?

Who told you that everything has meaning?
Who put you here in this place?
Who do you think replies when you ask?
Who declares that you can be so convinced of your gender?

Why do you cry or laugh?
Why do you think you exist?
Why do you wake up from your dreams?
Or are you still sleeping?

Who puts the joy or the sadness in your soul?
Who will talk about you as a being that has existed?
Who knows if in your dreams you were asleep?
Who can say that you have lived here?

EXISTENCIA

¿Por qué te llamas así?
¿Por qué tienes nombre?
¿Por qué te sientes así?
¿Por qué te crees un hombre?

¿Quién te ha dicho a ti que todo tiene sentido?
¿Quién te ha puesto aquí en este mismo sitio?
¿Quién cuando tú preguntas crees que ha respondido?
¿Quién afirma que tú de tu sexo estás convencido?

¿Por qué lloras o ríes?
¿Por qué piensas que existes?
¿Por qué despiertas del sueño?
¿O acaso sigues dormido?

¿Quién pone la alegría o tristeza en tu alma?
¿Quién va a hablar de ti como un ser que ha existido?
¿Quién sabe si tú en tus sueños estabas dormido?
¿Quién podrá afirmar que aquí tú has vivido?

MY SOLITUDE

My solitude is to blame for all my being,
because of it I create,
I love and I suffer.
A torn heart over and again.

I do not desire it,
I run and hide it behind people.
I want it and I hate it,
I love it and I despise it.

My solitude is not silent, it is musical,
because of it I write stories and songs.
I don't want it,
but I am with it.
The recollection of my origin and destiny,
a memory of what it could be but it is not.

My solitude is the companion of my life.
A lonely soul,
I know.
Sadness that embraces me and I want to tear apart,
deep heady melancholy,
profound melodic loneliness.
Inside I find the explanation of my fate.

My solitude is singular,
inside of it my essence stays.
I will die with it in my persona,
I would perhaps be vulgar without it.
Because of it I love life itself.

MI SOLEDAD

Mi soledad es la culpable de todo mi ser,
por ella creo,
amo y padezco.
Un corazón desgarrado una y otra vez.

No la deseo,
huyo y la escondo tras la gente.
La quiero y la odio,
la amo y la desprecio.

Mi soledad no es átona sino musical,
por ella escribo historias y canciones.
No quiero tenerla,
pero con ella me encuentro.
Recuerdo del origen y destino,
memoria de lo que pudo ser y no es.

Mi soledad es la compañera de mi vida.
Un alma sola,
lo sé.
Tristeza que me abarca y que quiero arrancar,
honda melancolía embriagadora,
profunda soledad melódica.
En su interior encuentro la explicación a mi sino.

Mi soledad es singular,
en ella queda mi esencia.
Con ella morirá mi persona,
sin ella sería quizás vulgar.
Por ella amo la propia vida

WOMAN'S BODY

Woman's body.
Skin of different feel.
Smooth and profound curves.
Necessity of my sex,
caress of my hands,
shelter of my soul.

Woman's body.
A different way of feeling.
A universe to discover.
With the other face of my being,
and what my being needs.

Woman's body.
Naked is fragile passion.
Clothed is sweet to know.
You know everything about me,
I'm nothing without you.

Woman's body.
Remembering a mortal sin
which man never could refuse.
Quencher of my thirst,
water of my life.

Woman's body.
Damned be he who hates you.
Blessed be he who knows how to love you.

If I died without having you,
I die wishing for you.

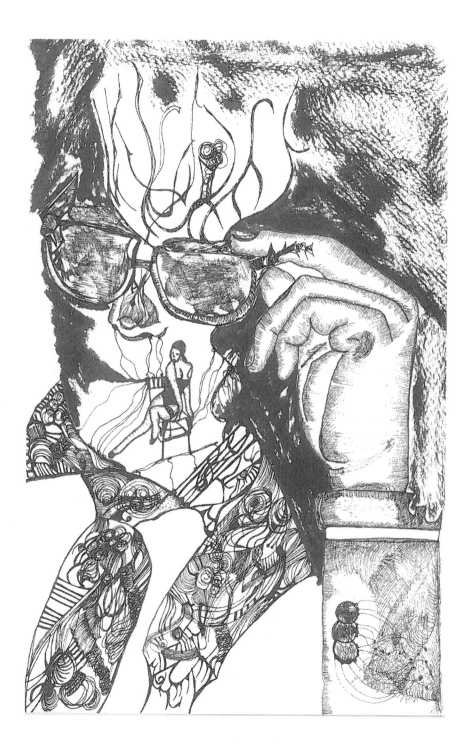

CUERPO DE MUJER

Cuerpo de mujer.
Piel de tacto diferente.
Suaves y profundas curvas.
Necesidad de mi sexo,
caricia de mis manos,
refugio de mi alma.

Cuerpo de mujer.
Otra manera de sentir.
Un universo a descubrir.
Con la otra cara de mi ser,
y la que necesita mi estar.

Cuerpo de mujer.
Desnudo es frágil padecer.
Vestido es dulce por conocer.
Tú lo sabes todo de mí,
yo sin ti soy nada.

Cuerpo de mujer.
Recuerdo de un pecado mortal
al que el hombre no podrá negarse jamás.
Ahogo de mi sed,
agua de mi vida.

Cuerpo de mujer.
Maldito el que te odie.
Bendito el que te sepa amar.

Si muriese sin tenerte,
hubiera muerto deseándote.

A MAN AND A WOMAN

A man and a woman,
a small different world
far away from the rest of the universe.
Talking about important things,
without regard to other things.
Kissing without asking
who cares about their love.

Two people in love,
making a special feeling
that no-one else could ever participate in.
Embracing, soul and body,
tied together in a single spirit
trembling with one unique passion.

A man and a woman,
overflowing with happiness,
smiling at life.
Walking in step,
with the same rhythm,
and a particular emotion.

Two people building an earthly paradise,
heaven and hell are gone.
Without knowing how to explain
the beauty their passion breathes.

A man and a woman in love,
until time forgets
the flame that one day lit
two lives, warming each other,
to freeze their loneliness.

UN HOMBRE Y UNA MUJER

Un hombre y una mujer,
un pequeño mundo diferente
alejado del resto del universo.
Conversando de cosas importantes,
sin importarles las otras cosas.
Besándose sin preguntar
a quién le importa de su amor.

Dos personas enamoradas,
fabricando un sentimiento especial
del que nadie podrá jamás participar.
Abrazados alma y cuerpo,
anudados en un mismo espíritu
que se estremece en una única pasión.

Un hombre y una mujer,
derrochando felicidad,
sonriéndole a la vida.
Paseándose en un mismo pisar,
con el mismo ritmo al caminar
y una emoción particular.

Dos elaborando un paraíso terrenal,
el cielo y el infierno ya no están.
Sin saber como poder explicar
la belleza que respira su pasión.

Un hombre y una mujer en el amor,
hasta que el tiempo logre olvidar
aquella llama que un día encendió
dos vidas para darse calor,
congelando la soledad.

ANXIETY OF LOVE

Slow torture making me look for
someone to talk to.
Bitter nostalgia that makes me feel
that my innocent past was happy.
I watch the people who seem to be smiling,
they all have someone to share.
A vagabond in the street sings this song
I feel empathy and I recognise myself in him.

Why this anxiety of love?
Why do I need someone if
my company alone is enough?

Have you ever cried when your dreams were lost?
Have you ever been in a place where your hopes vanish?
Maybe then you can understand me.
Maybe there is a place where peace and love are easy.
Maybe man can someday be happy forever,
and walk naked and free.

ANSIEDAD DE AMOR

Tortura lenta que me hace buscar
alguien con quien poder conversar.
Amarga nostalgia que me hace sentir
que mi inocente pasado fue feliz.
Observo a la gente que parece reír,
todos tienen alguien con quién compartir.
Un vagabundo en la calle canta esta canción,
lo compadezco y siento en mi yo.

¿Por qué esta ansiedad de amor?
¿Por qué necesitar de alguien si
mi soledad ya es suficiente compañía?

¿Has llorado alguna vez cuando tus sueños se perdían?
¿Has estado alguna vez donde las esperanzas se disipan?
Quizás entonces puedas comprenderme.
Quizás exista un lugar donde la paz y el amor sean fáciles.
Quizás el hombre pueda algún día ser feliz por siempre,
y caminar desnudo y libre.

SMILE

Happy crying of the heart.
The thrill of being.
Happy expression of a complicit gesture
that radiates a sincere pleasure.

Simple grin of the human face,
sometimes difficult to pronounce.
It has an immense vital fury
that holds you to the strength of being.

Tender instant of pleasure.
Hope of something better.
Short moment like no other in which
soul and body smile.

SONRISA

Llanto alegre del corazón.
Estremecimiento del ser.
Feliz expresión de un gesto cómplice
que te contagia un placer sincero.

Mueca sencilla del rostro humano,
a veces difícil de pronunciar.
Conllevas una inmensa furia vital
que te aferra a la fuerza del estar.

Instante tierno de placer.
Esperanza alegre de algo mejor.
Breve momento sin igual en el que
alma y cuerpo sonríen.

THIRST FOR LIFE

I thirst for life,
I want to drink its water,
to drown myself in its flavour,
to fill my senses with its power.

But loneliness dries me out,
takes me away from its flow,
envelops me with sadness,
blinds me like an unhappy drunk.

I thirst for life,
I want to fill myself with its freshness,
to swim within its balm,
to stay within its pleasure.

But sadness hurts me,
burns me with its coldness,
damages me with its sourness,
pushes me away from its glare.

I thirst for life,
I need its breath,
I wish to inflate myself with its air,
to fly among its breezes.

But melancholy strangles me,
traps me between its arms,
making me die instantly,
denying me the essence of its being.

SED DE VIDA

Tengo sed de vida,
quiero beber de su agua,
ahogarme en su sabor,
llenar mis sentidos con su poder.

Pero la soledad me seca,
me aparta de su corriente,
me cubre con su tristeza,
me ciega como a un borracho infeliz.

Tengo sed de vida,
quiero llenarme con su frescura,
nadar entre su bálsamo,
quedarme con su placer.

Pero la tristeza me hiere,
me quema con su frío,
me daña con su acidez,
me aparta de su fulgor.

Tengo sed de vida,
necesito su respirar,
deseo hincharme con su aire,
volar entre sus brisas.

Pero la melancolía me estrangula,
me atrapa entre sus brazos,
me hace morir al instante,
me niega la esencia de su ser.

CLOUDS OF THE TEMPEST

Pain is close already,
black clouds wait
the time for the tempest approaches.
Why suffer?
I don't know.
If someone were waiting for me later,
maybe I could understand
that after the rain the sun shines.
Everything would be easier with you,
a hug,
a kiss,
and everything would be understood.
But no,
there's no joy after my tears,
only an effort of vain hope.

Pain is close already,
black clouds wait
time for the storm to descend.
What can I do?
I don't know.
If I look for you I can't find you,
when I think I find you it isn't you.
This is the luck of my life,
to look and not to find.
An absurd game destiny has given me
that I have not been able to win.
Hundreds of times I have pitied myself,
hoping to believe myself strong and unique afterwards.
None of that is true,
only a veil that hides the truth.
But you have to hope, or to end it,
and I prefer to hope.

... maybe tomorrow the sun will shine.

NUBES DE TEMPORAL

El dolor está cerca ya,
unas nubes negras esperan
la hora en que llegue el temporal.
¿Para qué sufrir?
No lo sé.
Si alguien me esperase después,
quizás pudiera entender
que tras la lluvia el sol resplandece.
Todo sería más fácil contigo,
un abrazo,
un beso
y todo quedaría comprendido.
Pero no,
no hay alegría tras mi llanto,
tan sólo un esfuerzo de esperanza vano.

El dolor está cerca ya,
unas nubes negras esperan
la hora en que caiga la tormenta.
¿Qué puedo hacer?
No lo sé.
Si te busco no te encuentro,
cuando creo encontrarte no eres tú.
Esta es la suerte de mi vida,
buscar y no encontrar.
Un absurdo juego que el destino me ha regalado
y que aún no he podido ganar.
Cientos de veces me he compadecido,
para creerme fuerte y único después.
Nada de eso es cierto,
simplemente un velo que oculta la verdad.
Pero hay que esperar o acabar,
y prefiero esperar.

... puede que mañana salga el sol.

THIS IS HOW I LOVE YOU

God!, this is how I love you:
with that blue expression on your face,
in a way that colour cannot describe,
with that sweet gesture
which no flavour could reproduce.

Nobody knows where you are,
many say you do not exist.
But I hope
and in waiting, I fear.

Damn!, this is how I lose you:
with that tender smile
that my senses can't touch,
with that vocal body
that my ears cannot hear.

"Am I asking too much?",
someone asks,
and asks inside of me.

Last night I dreamed of you,
I saw you once more, then you left,
you were gone when I awoke.
The everyday routine will make me forget
what, in my solitude, I will dream again.

God!, this is how I wait for you,
and waiting I die.

ASI TE QUIERO

¡Dios!, así te quiero:
con esa cara azul
que ese color no puede expresar,
con ese gesto dulce
que ese sabor no puede tener.

Nadie sabe dónde estás,
muchos dicen que no existes,
pero yo espero
y esperando temo.

¡Diablos!, así te pierdo:
con esa sonrisa tierna
que mi tacto no puede tocar,
con ese cuerpo sonoro
que mis oídos no escuchan.

«¿Demasiado pido yo?",
alguien pregunta,
y pregunta por dentro.

Anoche soñé contigo,
te vi de nuevo y te fuiste,
ya no estabas al despertar.
 La rutina del día hará olvidar
lo que en mi soledad volveré a soñar.

¡Dios!, así te espero,
y esperando muero.

FILLING ME WITH LOVE

Embracing you,
filling me with love,
dancing to the same song
that intoxicates us with happiness.

Smiling with you,
kissing your lips,
playing in primitive joy,
that we make to our own measure.

Tied to you,
saying "I love you",
feeling a strong heart
that is alive as never before.

Sailing with you,
stopping time,
arriving at an infinite finale
with no beginning.

LLENÁNDOME DE AMOR

Abrazado a ti,
llenándome de amor,
bailando en un mismo son
que nos embriaga de felicidad.

Sonriendo contigo,
besándote en la boca,
retozando en un juego primitivo
que fabricamos a nuestra medida.

Anudado a ti,
diciendo "te quiero",
sintiendo un corazón fuerte
que está vivo como nunca.

Navegando contigo,
parando el tiempo,
llegando hasta un final infinito
que no tiene principio.

YESTERDAY'S SONGS

Yesterday's songs,
melodies that make you recall
past times,
other days.

Melancholy that cries,
nostalgia that makes your insides scream,
distant hours,
other nights.

Faces almost blinded,
gestures that may never return,
hidden yesterdays,
other people.

Smiles already hidden,
kisses gone from your skin like sweat,
blurred remembrances.
Other songs.

CANCIONES DEL AYER

Canciones del ayer,
melodías que te hacen recordar
tiempos pasados,
otros días.

Melancolía que llora,
nostalgia que tu interior grita
horas lejanas,
otras noches.

Rostros casi cegados,
caras que quizás no volverán,
ayeres ocultos,
otras personas.

Sonrisas ya escondidas,
besos que sudó tu piel,
recuerdos emborronados.
Otras canciones.

WHY DO YOU NOT CALL ME?

Why do you not call me?
Why do you not ring my phone?
I don't know if you know that I'm up to my neck in shit,
and it's rising,
it will rise until I drown.

Life would be easier if you'd phone me today,
everything would make sense if you'd do it.
We could go for a walk and drink some beers,
get drunk,
kiss and make love.
You could stay at my house,
my parents are not here.
And if someone comes to bother us I will say mind your own business,
that this is our dream,
that you are my girl,
my angel.

Why do I not phone you?
Why do I not ring your phone?
I have called you already, and the dream was broken,
I already phoned you and it was for nothing.
Maybe you think I'm not your type,
but you haven't given me the chance to prove myself.
Maybe you have already placed your bet on another,
it hurts me to think about it.
But that other could not give you what I can offer.

My pride wrestles with my loneliness.
Today's songs are not happy.
The melancholic tedium of the summer strikes me.
I feel myself smelling of shit,
and the shit still rises.

Why don't you call me, my darling?
Why don't you take me away from this, love of my life?
If you knew how I need your kisses!
you'd do it, if only out of compassion.
I think I am dying every moment.
I am drowning,
I die.

Why do you not call me?

¿POR QUÉ NO ME LLAMAS?

¿Por qué no me llamas?
¿Por qué no haces sonar mi teléfono?
No sé si sabes que la mierda me está llegando al cuello,
y que sube,
va a subir hasta ahogarme.

La vida sería más fácil si hoy me llamases,
todo aparecería con sentido si lo hicieras.
Podríamos ir a pasear y beber cervezas,
emborracharnos,
besarnos y hacer el amor.
Podrías quedarte a dormir en casa,
mis padres no están.
Y si alguien viniese a despertarnos le diría que qué le importa,
que éste es nuestro sueño,
que tú eres mi chica,
mi ángel.

¿Por qué no te llamo?
¿Por qué no hago sonar tu teléfono?
Ya lo he hecho otras veces y el sueño se rompió,
ya te he llamado y sirvió para nada.
Quizá pienses que no soy tu tipo,
pero no me has dado la oportunidad de demostrarlo.
Quizá ya hayas apostado por otro,
me duele pensarlo.
Pero ese otro no te daría lo que yo tengo guardado para ti.

Mi orgullo lucha contra mi soledad.
Las canciones de hoy no son alegres.
El tedio melancólico del verano me azota.
Me siento oler a mierda,
y la mierda sigue subiendo.

¿Por qué no me llamas, cariño?
¿Por qué no me sacas de esto, amor de mi vida?
Si supieras lo que necesito tus besos!
lo harías aunque fuese por compasión.
Creo morir a cada instante.
Me ahogo,
muero.

¿Por qué no me llamas?

DREAMER OF ETERNAL LOVE

I feel like writing a song today,
making it sound so it can reach you,
because no-one else matters to me.

I haven't asked for many kisses,
but I've always been denied.
I cannot find your lips,
that succulent flavour of eternity that I seek.
Forsaking all and drowning in you,
that is what I want.

Sometimes I look at you and I seem to recognise my other half,
but you deny me.
And I want to kiss you and prove it.
I don't know if you are afraid.
Is there another in your life that completes you?
Could it not be me?
I feel you fear something,
if not you would let me in.

When you go and all is done,
when your face disappears,
and in my memory only a "why not?" remains,
a hazy woman,
then I will look for another kiss,
other lips,
another possible love.

I am a beggar,
a dreamer of eternal love,
a pariah who is lost in an alien world.
I need you.

SOÑADOR DE AMOR ETERNO

Hoy siento ganas de escribir una canción,
hacerla sonar para que llegue a ti,
porque nadie más me importa.

No he pedido muchos besos,
pero siempre me han sido negados.
No encuentro tus labios,
ese jugoso sabor a eternidad que tanto busco.
Romper con todo y ahogarme en ti,
eso es lo que quiero.

A veces te miro y creo reconocer mi otra mitad,
pero tu me niegas el serlo.
Y quiero besarte y probarlo.
No sé si tienes miedo.
¿Hay otro en tu vida que la complete?
¿Acaso no podría ser yo?
Siento que temes algo,
si no me dejarías entrar.

Cuando te vayas y todo termine,
cuando tu rostro desaparezca,
y en mi memoria quede tan sólo un "¿por qué no fue?",
una mujer emborronada,
entonces buscaré otro beso,
otros labios,
otro posible amor.

Soy un mendigo,
un soñador de amor eterno,
un paria que se pierde en un mundo ajeno.
Te necesito.

BUSTLING SILENCE

I want to induce silence to hear my machine of life.
My insides make the energy of the human that I inhabit.
I breathe.
The heart makes the red current flow through the rivers of my being.
I exist.
From my brain explode the words of my voice.
I feel.
Voice of the soul that I am,
of the being that stays on the paper.
There's no silence in this, my world,
words make the sound,
the bustle of the solitude.
And so until the end,
until the red rivers run dry and my insides rot,
then only my message will remain,
coded letters that my voice will read for another.

We refuse to listen to ourselves.
We mute the internal voice with external sounds.
We annul this exclusive identity for external confusion.
We prefer to get lost than to find ourselves.
To find frightens us.
The absolute silence is our destiny.
Let's enjoy now this unique and personal bustling silence.
Let's discover the unique sound of our machines of life.

SILENCIO BULLICIOSO

Quiero provocar el silencio para escuchar mi máquina de vida.
Mis entrañas fabrican la energía del humano que habito.
Respiro.
El corazón hace que fluya la corriente roja por los ríos de mi ser.
Existo.
De mi cerebro estallan las palabras de mi voz.
Siento.
Voz del alma que soy,
del estar que queda en el papel.
No hay silencio en este mi mundo,
las palabras conforman el sonido,
el bullicio de la soledad.
Y así hasta el final,
hasta que los ríos rojos se sequen y las entrañas se pudran,
entonces sólo quedarán mis mensajes,
código de letras que mi voz leerá en otro.

Nos negamos a escucharnos.
Enmudecemos la voz interior con sonidos externos.
Anulamos esta exclusiva identidad para confundirnos fuera.
Preferimos perdernos a encontrarnos.
Hallarse da miedo.
El silencio absoluto es nuestro destino.
Disfrutemos ahora de este único y personal silencio bullicioso.
Descubramos el sonido de nuestra máquina de vida sin igual.

LIKE A FRIGHTENED CHILD

Like a frightened child. Is that bad?
Writing SOS messages. Asking for help. Smelling fear. Alone.
Looking for shelter. An embrace. A "don't be silly, don't you worry. Tomorrow you'll laugh at everything".
The bed doesn't comfort me, spinning. Looking for a way out. Sleep doesn't come. It's not easy being fragile.
Be a man. Don't be pathetic. Don't be a coward.
Raise yourself up. Face it. Have the guts. Confront it.

Crying like a child. Is that bad?
Hatred wants to scare. Egotism wishes pain. Menace suffocates.
And a voice shouts: "Calm, worse things have you passed through. Look at it from above. Smile. Everything is forgotten."

A woman's bosom would do me well. A strong hug. A mother's smell.
And make love and forget everything. And melt with the sky. Leaving the inferno.
Feeling the blue of the sea. The red of the burning wood. The green of the fresh grass. All colours are excited, and kind, all at once. Breathing the passion of rebirth. Imbibing life. Feeling the pleasure.

I will drink hot milk to relax my spirit. I will sleep in peace.
If something happens, it happens. That is for others to decide.
I alone can't control it. I alone.
I will escape behind my sleep. My subconscious will make me rest.
I will defend myself the best I can. I will hide if it is necessary.
Like a frightened child. Who said it is bad to run?

COMO UN NIÑO ASUSTADO

Como un niño asustado. ¿Acaso es malo eso?
Escribiendo mensajes de socorro. Pidiendo ayuda. Oliendo a miedo. Solo.
Buscando un refugio. Un abrazo. Un "no seas tonto, no te preocupes, mañana te
reirás de todo".
La cama no recoge, da vueltas. Buscando una salida. El sueño no llega.
No es bueno ser frágil.
Hay que ser un hombre. No seas patético. No seas cobarde.
Saca pecho. Da la cara. Échale cojones. Afróntalo.

Llorando como un niño. ¿Acaso es malo eso?
El odio quiere asustar. El ego desea el daño. La amenaza ahoga.
Y una voz grita: "¡Tranquilo, por cosas peores has pasado. Míralo desde arriba.
Sonríe. Todo se olvida!"

Unos pechos de mujer harían bien. Un fuerte abrazo. Un olor a madre.
Y hacer el amor y olvidarlo todo. Y fundirse con el cielo. Dejar atrás el infierno.
Sentir el azul del mar. El rojo de la madera encendida. El verde de la hierba
recién mojada. Todos los colores excitados, amables a la vez. Respirando la pasión
del renacer. Mamando vida. Tanteando el placer.

Tomaré leche caliente para relajar el espíritu. Dormiré tranquilo.
Si algo pasa que pase. Que los demás decidan.
Yo sólo no controlo. Yo solo.
Huiré tras mi dormir. Que el subconsciente me haga descansar.
Me defenderé como pueda. Me esconderé si hace falta.
Como un niño asustado. ¿Quién ha dicho que sea malo correr?

DISHONEST KISSES

"Mistrust the one who kisses you with eyes open". I do not remember how this advice came to me. We always forget the good advice, much more when love takes you flying, blinds you.

Who is capable of kissing with eyes open when this sense lacks importance?
Who can pay attention to anything other than the passion that runs within?
I could never have believed there was someone like this.
These doubts never circulated around my mind. It is a shame, now I have them.

I don't know if I will blind myself again, if I will extinguish this mistrust that has put a point of inflection in my life.
She was everything I had dreamed. A dream that vanished for its falsehood, but which while it lasted was kept pure, vibrant in the reality of the senses.

"Mistrust the one who kisses you with eyes open". I should have remembered.

BESOS DESHONESTOS

"Desconfía de quién te besa con los ojos abiertos." No recuerdo cómo me llegó ese aviso. Suelen olvidarse los buenos consejos, y mucho más cuando el amor te lleva en volandas, te ciega.

¿Quién es capaz de besar con la vista afuera?
¿Quién puede prestar atención a otra cosa que no sea la pasión que corre por dentro?
Nunca circularon por mi mente esas preguntas. Es una lástima, ahora las tendré siempre presentes.

No sé si me cegaré de nuevo, si apagaré esta desconfianza que ha puesto un punto de inflexión en mi vida.
Ella era todo lo que yo había soñado. Un sueño que se desvaneció, pero que mien tras duró se mantuvo puro, vibrante en la realidad de mis sentidos.

"Desconfía de quién te besa con los ojos abiertos." Debería haberlo recordado.

THE FIRST STONE

Difficult to talk once the barrier of respect has been transgressed.
You have to be a saint, maybe an idiot, to forget the insult.
Why do we destroy love?
We are nothing and believe we are everything.
A finite machine of meat and bone. A set of ideas arranged with selfish whim.
Instinct of conservation.
He started the animosity, you followed the game. The mechanism warmed up.
The game was burning. Inflaming the pride.
Shout or shut up. Hurt or run. Attack or defend.
You want to win.
Both lose.
Must we always compete?
And the memory cannot forget, must not. The hurt stays inside. The rancour is controlled; hidden, an ember not extinguishing, waiting for fuel.
Who cast the first stone?

LA PRIMERA PIEDRA

Difícil conversar traspasada la barrera del respeto.
Hay que ser un santo, quizá un idiota, para olvidar el insulto.
¿Por qué destruimos el amor?
Somos nada y nos creemos todo.
Una maquinaria finita de carne y hueso. Un conjunto de ideas organizadas con antojo egoísta.
Instinto de conservación.
Aquel activó el rechazo, tú le seguiste el juego. El mecanismo se calentó. La partida ardía. Se enfurece el orgullo.
Grita o calla. Hiere o corre. Ataca o defiende.
Se quiere ganar.
Los dos pierden.
¿Siempre tiene que competirse?
Y la memoria no puede olvidar, no debe hacerlo. El requemo queda dentro. El rencor se contiene; escondido, una brasa sin extinguir esperando combustible.
¿Quién tira la primera piedra?

I LOVE YOU BECAUSE...

I love you because when you sleep your beauty rests unattainable,
and I want to dwell in your dreams and talk to you of my love.

I love you because when you awake I believe I am the owner of your body,
and would be the heart that makes your blood flow,
to move your muscles,
to feed your skin.

I love you because when you are missing my universe is cloudy,
and my loneliness seeks to write of you.

I love you because you fulfil my being,
and you allow me to be.

I love you because I had forever been searching my dreams,
and when I found you I awoke to my senses.

I love you because you are the woman of my life,
because before, there was nothing,
and later, nothing will be.
Nobody,
never.

I love you because my desires and my soul go with you.
In any moment,
and if you still have any doubt,
remember that I LOVE YOU.

TE QUIERO PORQUE...

Te quiero porque cuando duermes tu belleza descansa inalcanzable,
y quisiera morar tus sueños para hablarte de mi amor.

Te quiero porque cuando despiertas creo ser el dueño de tu cuerpo,
y querría ser el corazón que da caudal a tu sangre,
mover tus músculos,
alimentar tu piel.

Te quiero porque cuando faltas mi universo se enturbia,
y mi soledad busca escribir de ti.

Te quiero porque potencias mi ser,
y me dejas estar.

Te quiero porque siempre busqué un sueño,
y cuando lo encontré en ti desperté a mis sentidos.

Te quiero porque eres la mujer de mi vida,
porque antes no hubo nada,
y después tampoco habrá.
Nadie,
jamás.

Te quiero porque me van las ganas y el alma en ello.
En cualquier momento,
y si alguna duda te queda,
recuerda que TE QUIERO.

NOTHING SERIOUS

Today is a day to write nothing serious,
because today you have to open the soul wide,
let life flow,
and life is nothing serious
if you want to feel that way about it.

Today is not a day of study and prose,
because these contain feelings
seeking freedom,
and the door of the soul needs an anarchic sentry.

Today is a day of doing nothing,
because nothing is more important than feeling,
to leave the senses be,
and to live the present as it comes.

Today is a day to not watch the clock,
because the hands turn without looking at you,
implacable in any case,
and you will grow old quickly if you look to the past.

Today is a day to love,
to laugh, to cry, to shout,
to walk, to jump, to dance,
and to do whatever comes.

Today is a day for nothing serious.

NADA SERIO

Hoy es día para escribir nada serio,
porque hoy hay que abrir el alma de par en par,
dejar la vida fluir,
y la vida no es nada seria
si es que así se quiere sentir.

Hoy no es día de estudio y prosa,
porque contienen a los sentimientos
que buscan libertad,
y la puerta del alma necesita de un vigilante anárquico.

Hoy es día de hacer nada,
porque nada hay más importante que sentir,
que dejar hacer a los sentidos,
y vivir el presente como viene.

Hoy es día para no mirar el reloj,
porque las manecillas giran sin mirarte a ti,
implacables en cualquier caso,
y envejecerás rápido mirando el pasado.

Hoy es día para amar,
reír, llorar, gritar,
caminar, saltar, bailar,
y hacer lo que surja.

Hoy es día para nada serio.

IF YOU WOULD KISS ME NOW

If you would kiss me now...
you would alleviate the sorrow of the love who has left me,
and I could believe again.

If you would kiss me now...
I would cry with happiness more than I have ever cried from sadness,
and my soul would be filled with the hope I need.

If you would kiss me now...
my whole life would die in that precise instant,
and your lips would be the ticket to paradise.

If you would kiss me now...
I could put away the pain of that goodbye,
and embrace a hopeful hello.

If you would kiss me now...
I would understand the cost of sorrow,
and also that, in spite of it, life is just.

If you would kiss me now...
we would melt the snow of this city,
and the whole world would disappear,
undone by our passion.

If you would kiss me now...
you would heal my whole being,
and I would want to be by your side, my whole life

God, woman, do you know the magic that would envelop us if you would kiss me?

And so...
Why not kiss me now!

PS – Kisses should be magnetic, I know that. And, in this particular case, love is a matter of two extraordinary strengths that pull each other together. I want to tell you then, woman, that I am sorry. Sorry if I pushed you the wrong way. I just felt the urgency to tell you my emotions. At least this will be here, on paper, if suddenly death takes me and yet you still haven´t kissed me.

SI ME BESARAS AHORA...

Si me besaras ahora...
aliviarías la pena del amor que me ha dejado,
y podría volver a creer en él.

Si me besaras ahora...
lloraría de alegría más de lo que he llorado de tristeza,
y llenarías mi alma de la esperanza que necesito.

Si me besaras ahora...
la vida entera moriría en ese preciso instante,
y tus labios serían el ticket hacia el paraíso.

Si me besaras ahora...
encajaría el dolor de aquel adiós,
y recibiría pleno a un venturoso hola.

Si me besaras ahora...
entendería el precio de la pena,
y que, a pesar de ella, la vida es justa conmigo.

Si me besaras ahora...
derretiríamos la nieve de esta ciudad,
y el mundo entero nos desaparecería, deshecho por nuestra pasión.

Si me besaras ahora...
sanarías todo mi ser,
y querría estar a tu lado, la vida entera.

Por Dios, ¿sabes mujer la magia que nos envolvería si me besaras?

Y entonces...
¡Por qué no me besas ahora!

P. D. Los besos deben venir imantados, ya lo sé. Y, en ese particular caso,
el amor es cuestión de dos extraordinarias fuerzas que se atraen. Quiero decirte
pues, mujer, que lo siento. Siento si te presioné de manera equivocada. Tan sólo
sentía la urgencia de decirte estas mis emociones. Al menos ellas quedarán aquí, en
el papel, si de repente la muerte me lleva y aún no me has querido besar.

THE FLOW OF LIFE

"This is a train station. No one stops", he said to me.
And the train arrives. I get on, I find a place, I sit and try to relax. I look through the window and see what I am leaving behind. Things, people... And then I try to forget the past. And I try to forget the loss. One forgets. And for sure, will forget again. Because one always forgets.
And then one learns, pulling himself onward.

Me and my self. Scars are there. For sure they are. They are indelible. And there will be more pain, more wounds, more scars... It is inevitable. And then one forgets, and learns. Because one always learns.
And meets new people, discovers new things...

I look through the window of my life and I know I can find a new love, a new dream, a new desire. And I smile. And I go onward, as I will until the very end. It's inevitable.
This is the creative energy of life.

"This is a train station. No one stops."

EL FLUJO DE LA VIDA

"Esto es una estación de trenes. Nadie para." Me dijo un trabajador que se dio cuenta de mi torpeza y me notó algo perdido.

Y llega el tren. Subo, encuentro un sitio, me siento e intento relajarme. Miro a través de la ventana y veo lo que dejo atrás. Cosas, gente... Y entonces intento olvidar el pasado. Intento olvidar la pérdida. Uno olvida. Y es cierto que olvidará de nuevo. Porque uno siempre olvida.

Y entonces uno aprende, llevando tu ser pa' lante.

Yo y mi ser. Las cicatrices están ahí. Es cierto que están. Son imborrables. Y habrá más dolor, más heridas, más cicatrices... Es inevitable. Y entonces uno olvida, y aprende. Porque uno siempre aprende.

Y uno conoce a nuevas gentes, descubre nuevas cosas...

Miro a través de la ventana de mi vida y sé que puedo encontrar un nuevo amor, un nuevo sueño, un nuevo deseo. Y sonrío. Y voy pa' lante. Así hasta el final será. Es inevitable.

Esta es la energía creativa de la vida.

"Esto es una estación de trenes. Nadie para."

MY LIFE, THIS IS JUST TO SAY...

This is just to say I want you.
Maybe not in the best way,
with enough understanding,
wisdom and expertise.

This is just to say I need you,
with your misery and magnanimity,
bad and good times
And the struggle to find the beauty of every day.

This is just to say I'm proud of you.
Although sometimes I ask you for too much,
other times for too little,
and other times for nothing, almost forgetting who you are.

This is just to say I've never hated you,
in spite of the pain, the sweat, the bad nights and the tears,
I take you how you are,
just feeling the energy you give to me.

This is just to say I'm sorry
when sometimes I forget or even don't want to take care of you.
And I smoke a cigarette
And I eat little, or badly
And I misuse your time.

This is to say I love you.
My life, I love you.
And I don't want you to leave me.
Please, don't leave me in Nothingness.

This is just to say what He said:
'Love thy neighbour as thyself'
And I love you, my life. I love you.

What a difficult task!

MI VIDA, ESTO ES SOLO PARA DECIR...

Esto es solo para decir que te quiero
Quizá no de la mejor manera,
con la suficiente comprensión,
sabiduría y saber hacer.

Esto es solo para decir que te necesito,
con tus grandezas y miserias,
malos y buenos ratos,
y la lucha por encontrar la belleza de cada día.

Esto es solo para decir que estoy orgulloso de ti
Aunque a veces te pida mucho,
otras poco,
y otras nada, casi olvidándome de que estás.

Esto es solo para decir que nunca te he odiado,
a pesar de los pesares; el dolor, las malas noches, las lágrimas...
Y te tomo como eres,
sintiendo la energía con que me llevas.

Esto es solo para decir que lo siento
cuando a veces olvido o ni acaso quiero cuidarte.
Y me fumo un cigarrillo,
y como poco o mal,
y maltrato tu tiempo.

Esto es solo para decir que te amo.
Mi vida, yo te amo.
Y no quiero que te me vayas.
No me dejes en la Nada.

Esto es solo para decir lo que dijo Aquel:
"Ama al prójimo como a ti mismo".
Y yo te amo, mi vida. Yo te amo.

¡Qué difícil tarea!

MALOS TIEMPOS PARA LA LÍRICA

Aromas of orange blossom drench the air. Seville is split open. It fills with the flow of spring. The blossoms explode. Sensuality glides and settles. The city seems careless to itself, but its arrogance does not want to savour its own decadence. It deploys a blind proud beauty. And the heat shows signs of strengthening. The weather is still not hot, it controls itself, plays at caressing the spectacle, though it will soon reveal its true character. Holy week. They walk the gods in procession through the streets. Nobody knows, nor wants to know. To accept it is to become lost. While an artist sings his sorrow, a vagabond assumes that things are just like this, and a bohemian splashes his colours, the party rejoices in the drama. Fair of April. The lights ignite. Undreamed of joys are heard. A guitar strums. They all want to clap. And the girl dances, laughs and plays castanets. Verde que te quiero verde, Green I want you green. Todo es de color, Everything is colourful. And a stranger does not comprehend. Those who know do not want to understand. A genius is astonished by fearful hallucinations. A man mourns what was, what could be... what will be... and then he is baffled.

The sun exploits the street. Seville burns. The soil is hot. The air is dry. The bodies boil. The facades burst. The city is loved and hated. There is fear. Fear to look at itself. Demasiao, too much, this is demasiao. And they all flee and hide from the lava. The volcano rages. And they wonder. They want to find themselves without understanding themselves. Sorrow suffocates. Seville wants to forget. And the future does not matter, does not exist.
And then, this day comes. It rains. A freshness promises to be. And it rains again. The sadness is soaked, it wants to dissolve in the water. And it rains again, because it always rains without warning.
The cold stalks. It advances towards its prey like a feline driven by instinct. And the water spatters. And then winter attacks and wants to freeze the night. It cannot. The city does not abandon itself. The cold fails and light wins.

Seville suffers. It suffers in inconsiderate and irresponsible whirlwinds. Malos tiempos para la lírica, Bad times for poetry, a lyricist says to me with discouraged tears. Bad times, chiquillo, boy. And nobody wants to look. It is not heard. Deaf ears. It is neither accepted nor considered. Respect is transformed into absurd pride. The dreaming bells chime in the tower of yesterday. And nobody hears anything, nobody wants to understand. Death is nearby, tormenting the soul. The tragedy lurks within. Easier to ignore. And the gypsies sing by the bonfire outside. Volando voy, volando vengo. Flying I go, flying I come...

The sun lights up again. The clouds scatter. A gentle breeze blows. The moon waits, calmly. Looking on as everything slowly opens to full greatness. Luna lunera, cascabelera.

Seville. Everything goes and everything stays. You better let it go. Come in and dance. Tomorrow is another day! Some churros with hot chocolate. Take this salmorejo today, and tomorrow we'll have gazpacho. Feel the power of this land. Give me a glass of manzanilla wine woman, because wine turns sorrow to joy! A few spiced olives, a pinchito meat brochette, a portion of serrano ham, a mollete sandwich of pringá, a tapa of tortilla and some fried fish direct from the sea. Horses. Bulls. Blood. Passion. The soul suffocates and aches. And burns red. Life flows, escapes, spreads. And palms clap again and again. The rhythm deafens. Fingers strum the strings. Pasa la vida... Life goes by...

And what's happening? Nothing is happening, boy. Viva Seville and olé. Demasiao, too much, this is just too much. Best thing in the entire world. Viva Triana.

MALOS TIEMPOS PARA LA LÍRICA

Aromas a flor de naranjo empapan el aire. De par en par se abre. Se llena de la emanación. La sensualidad sobrevuela y se posa. Orgullosa, despliega una belleza cegada. Se sabe descuidada. Arrogante, no quiere sentirse decadente. Y el calor da señales de fuerza. Aún no quema, se contiene, juega a acariciar el espectáculo. Aunque pronto se avivará en su genio. Mientras un artista canta su pena, un vagabundo asume que así es la cosa y un bohemio pinta el color a su medida, la fiesta alegra el drama. Las luces se encienden. Se escuchan alegrías soñadas. Una guitarra suena. Todos quieren palmearla. Y la niña ríe y castañetea. Verde que te quiero verde. Todo es de color. Y un extraño no se explica. Los que lo saben no lo quieren entender. Un genio se asombra con miedo alucinado. Un hombre llora lo que fue, podría ser,... qué será... y entonces se turba. Los dioses se pasean por la calle con la interrogación en las entrañas. Nadie sabe, ni quiere saber. Aceptarlo es perderse de la mágica locura.

El sol explota en la calle. La ciudad arde. El suelo quema. Seco el aire. Los cuerpos hierven. Las fachadas revientan. Se odia y se ama. Se teme. Le da miedo mirarse. Demasiao, esto es demasiao. Y todos huyen y se esconden de la lava. El volcán se enfurece. Y se pregunta. Quiere tenerse sin encontrarse. La pena ahoga. Se quiere olvidar. Y el futuro no importa, no existe.

Y luego, ese día llega, llueve. Se anuncia un frescor. Y llueve. La tristeza se moja, quiere disolverse en el agua. Y llueve, porque siempre llueve sin avisar.

El frío acecha. Avanza hacia su presa como un felino al que el instinto nubla. Y chisporrotea el agua. Y luego ataca y quiere congelar a la noche. Sólo intenta enfriarla sin poder helarla. No puede. La ciudad no se deja. Y entonces se siente celoso y se va. Y la luz le puede, la deja entrar.

Sevilla sufre. Padece en torbellinos desconsiderados e irresponsables. Malos tiempos para la lírica me dice un poeta con lágrimas desalentadas. Malos tiempos chiquillo. Y nadie quiere ver. No se escucha. Oídos sordos. No se acepta ni considera. El respeto se fue quedando en una soberbia absurda. El sinsentido suena en las campanas de la torre del ayer. Y nadie oye, ni quieren comprender. La muerte está cerca, agonizando el alma. La tragedia se esconde dentro. Ignorar es más fácil. Y los gitanos cantan con la candela encendida. Volando voy, volando vengo...

Y el sol enciende de nuevo. Las nubes huyen. Una brisilla sopla. La luna espera, serena, mirándolo todo poco a poco se abre hasta hacerse grande. Luna lunera, cascabelera.

Sevilla. Todo pasa y todo queda. Quizá mejor es pasar. Pasar y bailar. ¡Que mañana se verá niño! Unos calentitos con chocolate. Tómate ese salmorejo, que mañana se hará gazpachito, siente la fuerza de la tierra. ¡Échame una copita de manzanilla mujer, que el vino alegra las penas! Unas aceitunitas aliñás, una de pinchito moruno, una racioncita de jamón serrano, un mollete de pringá, una tapita de tortilla y un pescaíto de la mar. Caballos. Toros. Sangre. Pasión. Ahoga y duele el alma. Y arde el rojo. La vida fluye, se escapa, desparrama. Y las palmas suenan una y otra vez, que el ritmo ensordece. Unos dedos rasguean las cuerdas. Pasa la vida...

¿Y pasa argo? Que no pasa na quillo. Viva Sevilla y olé. Demasiao, esto es demasiao. Lo mejó der mundo entero. Viva Triana.

GREY IS NOT A SAD COLOUR

Fresh dreams over the castle. Clearing my thoughts.
Bustle in the café. Melancholy in my tea.
I just light up a cigarette. Try to forget. Taking my time.
Life is not difficult. A children's game when looked at from above.
I can imagine you there. Holding that flag, smiling for me. Smiling for the world.
It's raining.
I see you. You are fluttering the cloth. Laughing now.
Drops on the window.
Tears of life on my soul.
Grey is not a sad colour. Is it? It is only the reflection in your eyes.
Come here. Throw away your inhibitions. Kiss the hell out of me.
Let's feel the glow. Take it easy baby. Nothing is really serious.
Play my game. Smoke from me. Set me alight. Come down from the castle. It's freezing out there. Revive me.
Come to me. Let the flag be. It will wave to us. Put your hands on me. Hold me tight. Make me feel. Take all the colours and paint my life. Our passion will be energy enough for more than one rainbow. Let me paint yours.

I don't want to dream anymore. Reality, please.

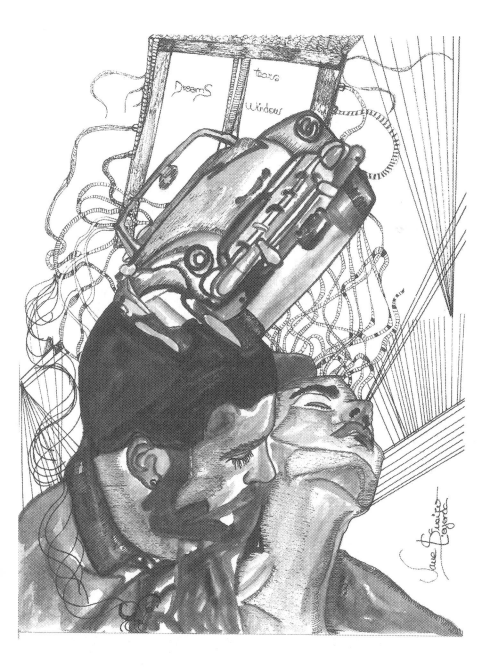

127

GRIS NO ES UN COLOR TRISTE

Sueños frescos sobre el castillo. Limpiando mis pensamientos.
Bullicio en el café. Melancolía en mi té.
Acabo de encender un cigarro. Intentando olvidar. Tomándome mi tiempo.
La vida no es tan difícil. Un juego de niños si la miras desde arriba.
Puedo imaginarte allí. Sosteniendo esa bandera, sonriendo para mí. Sonriéndole al
mundo.
Está lloviendo.
Estoy mirándote. Tú estás ondeando la tela. Riéndote ahora.
Gotas en la ventana.
Lágrimas de vida en mi alma.
Gris no es un color triste. ¿Verdad? Sólo el reflejo queda en tus ojos.
Ven aquí. Deshazte de tus inhibiciones. Saca a besos el infierno de mi.
Sintamos el brillo. Hazlo fácil, nena. Nada es realmente serio.
Sígueme el juego. Fuma de mí. Dame fuego. Baja del castillo. Es gélido allí
afuera. Revíveme.
Ven a mí. Deja la bandera por sí misma. Ella nos saludará. Pon tus manos en mí.
Abrázame fuerte. Hazme sentir. Coge todos los colores y pinta mi vida. Nuestra
pasión tendrá energía suficiente para más de un arco iris. Déjame pintar el tuyo.

No quiero soñar más. Realidad, por favor.

Printed in the United States
By Bookmasters